AF338919

LE

NOBILIAIRE UNIVERSEL

DE

FRANCE

RECUEIL GÉNÉRAL DES GÉNÉALOGIES HISTORIQUES

DES

MAISONS NOBLES ET TITRÉES DE LA FRANCE

PUBLIÉ SOUS LA DIRECTION DE

L. DE MAGNY

PARIS

A LA DIRECTION DE LA BIBLIOTHÈQUE HÉRALDIQUE

9, RUE BUFFAULT, 9

LAW DE LAURISTON

ECOSSE ET FRANCE

Marquis de Lauriston, Maréchal et Pair de France

Armes : *D'hermines, à la bande de gueules, accompagnée de deux coqs du même.* — Supports : *Deux licornes.* — Couronne : *De marquis.* — Devise : Nec obscura nec ima.

A maison des LAW est originaire de l'Ecosse. A l'occasion de la requête des Law de Lauriston et de leurs cadets les Law de Tancarville ou simplement Law, pour la reconnaissance et transmission de leur noblesse en France, cette maison des Law a été reconnue officiellement comme étant issue de très-ancienne et de très-noble race par le roi d'armes du royaume d'Ecosse.

Le juge d'armes de la noblesse de France, Pierre d'Hozier, a publié dans le tome X (registre VI) de l'*Armorial général*, la généalogie complète de cette maison, laquelle nous a servi à établir tout le texte nobiliaire de cette notice, et laquelle se relie, en outre, à l'arrêt rendu (31 mai 1782) par le roi en son conseil d'Etat.

Les Law de Lauriston descendent, en dernier lieu, de la branche des Law de Lithrie et de Brunton dont le premier auteur, Georges Law de Lithrie, libre baron dans le comté de Fife, était en faveur signalée auprès du roi Jacques V. Le fils de Georges fut Jacques Law de Lithrie, baron de Brunton, archevêque de Glascow, qui illustra l'église réformée, ainsi que ses descendants, par le renom de sa grande piété et de sa science profonde.

La maison de Lauriston a atteint une haute illustration militaire en la personne du maréchal Lauriston, l'un des meilleurs généraux du premier Empire.

Avant cette époque, elle s'était déjà inscrite dans les archives de l'histoire par le contrôleur général Jean Law (1716-1720) dont le génie financier en avance, peut-être, de plus d'un siècle, devait rencontrer tant d'écueils dans celui où il eut à agir; par le baron de Lauriston, maréchal de camp, gouverneur des possessions françaises (1764-1777) dans les Indes orientales (ce fut le père du maréchal de France); enfin par le chevalier Law, colonel, commandant les troupes du roi (1751-1764) également dans les Indes.

LES LAW

La souche très-ancienne de la famille des Law a projeté plusieurs rameaux d'où sont sortis les libres barons de : Law de Lawbridge, Law de Bogness, Law de Bogis, Law de Netherour, Law-Burnton, Law de Newton, Law de Burntwood, Law de Cameron, Law de Rumçois Orientali, etc., etc.

LAW

DE LAWBRIDGE ET DE BOGNESS

D'après les archives publiques d'Ecosse, Law de Lawbridge, libre baron dans la vicomté de Galloway, y possédait, vers l'an 1250, de très-grands biens.

Il portait pour armes un *écu d'argent, à une bande de gueules et un coq du même en chef*, et pour cimier un coq chantant, avec la devise : *Sat amico te mihi felix.* — Le roi Robert III fit don, en 1398, de plusieurs terres, dont celle de Bogness, à Robert Law de Bogness, arrière-petit-fils de Law de Lawbridge. De ce Robert Law de Bogness est descendu Georges Law de Lithrie, à partir duquel s'établit la filiation suivie que nous allons donner.

LAW

DE LITHRIE ET DE BRUNTON

I. Georges Law de Lithrie, libre baron dans la vicomté de Fife, reçut du roi Jacques V, suivant une charte du 1ᵉʳ janvier 1542, les terres et ville de Lithrie, avec ses appartenances et dépendances.

Il épousa Agnès, fille de Jean Strang de Balcaskie, ancien baron dans ladite vicomté de Fife, dont il eut pour fils :

II. Jacques Law de Lithrie, baron de Brunton, Archevêque de Glascow, qui, renommé comme prélat et comme savant, jeta un grand lustre sur l'église réformée d'Ecosse. Sacré, en 1610, évêque des îles Orcades, il fut nommé, en 1615, à l'archevêché de Glascow.

Il contracta un premier mariage avec N., fille du seigneur Dundass de Newliston,

Et un second mariage avec Marie-Anne, fille de Jean Boyle de Kelburn (tige des comtes de Glascow), dont il eut pour fils :

III. Jacques Law, baron de Brunton, qui, ayant adopté pour titre principal celui de Brunton, terre et baronnie dans la vicomté de Fife, prit pour armes celles relatées au commencement de cette notice.

Il épousa Marguerite, fille de Jean Kately de Melliston, dont il eut deux fils, savoir :

> 1º Georges Law de Brunton, qui, de son mariage avec N., fille de Leflei-Stralege, comte de Leven, n'eut qu'une fille unique;
> 2º Jacques, qui suit.

IV. Jacques Law de Brunton, fut major d'un régiment. Il épousa Marguerite, fille de Jean Preston de Prestonhall, chevalier baronnet, dont il eut deux fils, savoir :

> 1º Jacques Law de Brunton, qui a continué la branche des Law de Brunton;
> 2º Guillaume Law, qui suit, et qui a commencé la branche des Law de Lauriston, et celle des Law de Tancarville ou simplement Law.

LAW

DE LAURISTON

———

V. Guillaume **Law**, baron **de Lauriston**, qui acquit de grandes richesses par le commerce auquel, comme cadet de famille, il lui fut permis de s'adonner sans déroger, posséda la terre de Randleston et celle de Lauriston dans le comté de Mid-Lothian, et fut mis au nombre des libres barons d'Écosse.

Il épousa Jeanne **Campbell**, de la noble et illustre maison d'Argyle, dont il eut cinq fils (1), savoir :

> 1° Jean **Law**, marquis d'Effiat, de Charleval et de Toucy, comte de Valançay et de Tancarville, qui fut contrôleur général des finances en France, après avoir obtenu des lettres de naturalisation, et qui, des ruines du fameux système, put tirer, au moins, le legs fait à la France et au monde, du crédit public et des banques nationales. Venu en France (1716) avec une fortune qui montait encore à 1,600,000 livres, il mourut (1729) à Venise, dans un état à peine au-dessus de l'indigence.
> Son fils, Jean Law, mourut (1734) à Maëstricht, sans avoir été marié. — Sa fille avait épousé Lord Wallingford.
>
> 2° André **Law**, qui, de son mariage avec la fille du comte de **Melvil**, n'eut point d'enfants mâles ;
>
> 3° Guillaume **Law** qui suit ;
>
> 4° Robert **Law**, } qui moururent sans enfants.
> 5° Hugues **Law**, }

VI. Guillaume **Law**, baron de **Lauriston**, fut directeur général de la Compagnie des Indes, après avoir, à l'instar de Jean **Law**, son frère, reçu des lettres de naturalisation.

Il épousa, en 1716, Rebecca **Desves**, de l'illustre maison de Percy en Angleterre, dont il eut cinq enfants, savoir :

> 1° Jean **Law**, baron de Lauriston, qui suit ;
>
> 2° Jacques-François **Law**, comte de Tancarville, né en janvier 1724, auteur de la branche cadette ;
>
> 3° Rebecca-Louise **Law**, née en novembre 1720 ;
>
> 4° Jeanne-Marie **Law**, née en novembre 1722, qui fut mariée, en 1743, à Jean-Jacques, comte **de La Cour** ;
>
> 5° Elisabeth-Jeanne **Law de Lauriston**, née en juin 1725, qui épousa François-Xavier **de Boisserolles**.

VII. Jean **Law**, baron **de Lauriston**, né en novembre 1719, maréchal de camp, chevalier de Saint-Louis, fut gouverneur des possessions françaises dans les Indes orientales. Passé en Asie dès l'année 1742, il fut fait colonel en 1761, brigadier des armées du roi en 1767 ; il devint officier général en 1780,

(1) Guillaume **Law** eut de Jeanne **Campbell** onze enfants, tant fils que filles, dont plusieurs moururent fort jeunes.

après avoir servi trente-huit ans dans les Indes où, remplissant les emplois les plus importants, il sut porter hautement le drapeau de la France.

Il épousa, en 1755, Jeanne CARVALHO, fille de dom Alexandre Carvalho, noble Portugais, et de dame Jeanne Saint-Hilaire, dont il eut neuf enfants, savoir :

1° Jeanne LAW DE LAURISTON, née à Chinchurat, au Bengale, le 13 mars 1756, qui fut mariée au marquis DE LA FARE ;

2° Anne LAW DE LAURISTON, née le 2 décembre 1761, ⎫
3° Jean LAW DE LAURISTON, né le 21 juillet 1765, ⎬ morts en bas âge ;

4° Jean-Guillaume LAW DE LAURISTON, né à Chandernagor, le 8 septembre 1766, mort lieutenant de vaisseau dans l'expédition de *La Pérouse* ;

5° Jacques Alexandre Law, marquis DE LAURISTON, qui suit ;

6° Charles-Louis LAW DE LAURISTON, chevalier de Malte ;

7° Joseph-Charles LAW DE LAURISTON, officier d'artillerie ;

8° François-Jean LAW DE LAURISTON ;

9° Louis-Georges LAW DE LAURISTON, receveur général des finances.

VIII. Jacques-Alexandre, marquis de LAURISTON, maréchal et pair de France ; grand-veneur de France ; ministre de la maison du roi, ministre d'Etat ; chevalier des ordres du Roi, grand-croix des ordres de la Légion d'honneur et de Saint-Louis ; grand-croix des ordres de la Couronne de fer, de Charles III d'Espagne et de Saint-Wladimir de Russie, etc., naquit à Pondichéry le 1er février **1768**.

Voici une esquisse très-rapide, et presque exclusivement militaire, de la vie de LAURISTON :

Lieutenant d'artillerie (septembre **1785**) au régiment de Toul, il était capitaine en **1791**. Il fit les campagnes de 1792 à 1796, aux armées du Nord, de la Moselle, et de Sambre et Meuse. Après avoir combattu à Fleurus (juin 1794), avoir été mis à l'ordre du jour de l'armée, au siége de Maëstricht (novembre 1794), il était devenu chef de brigade du 4e d'artillerie à cheval (février 1795).

Démissionnaire, en **1796**, parce que le Directoire n'avait pas donné raison à sa sévérité dans un cas d'indiscipline militaire, il fut rappelé au service, en **1800**, par le premier consul, auprès duquel il remplit les fonctions d'aide de camp à la bataille de Marengo. Le colonel LAURISTON portait, en 1801, à Londres, où il fut reçu avec enthousiasme, les préliminaires de la paix d'Amiens.

Général de brigade, en **1802**, et commandeur de la Légion d'honneur, en **1804**, il recevait, en **1805**, avec le grade de général de division, le commandement du corps d'armée embarqué pour l'Amérique sur l'escadre de l'amiral Villeneuve. Rappelé en Europe après la prise, à la Martinique, du fort *le Diamant* que les Anglais avaient cru rendre imprenable, il rejoignit la grande armée d'Allemagne.

En **1806**, gouverneur général des bouches du Cattaro, et de Raguse, il se battit en avant de cette ville pendant vingt et un jours. Contraint de s'y en-

fermer, il sut, avec quinze cents hommes, pendant vingt-deux autres jours, et sous
un bombardement presque continuel, rendre inutiles toutes les attaques, par
terre et par mer, que ne cessèrent de diriger contre la place 15,000 Russes ou
Monténégrins, aussi bien que six vaisseaux de ligne et vingt frégates ou
bricks, commandés par l'amiral russe Siniawin.

Gouverneur général de Venise, en 1807, créé comte de l'Empire, en 1808,
commandant l'artillerie de la garde impériale dans la guerre d'Espagne de
cette même année, le général LAURISTON, après avoir pris part, dans la campagne d'Allemagne, en 1809, à toutes les affaires qui précédèrent la capi-
tulation de Vienne, avoir opéré, à Bruck, la jonction de la grande armée
avec celle d'Italie, avoir enlevé, par un feu continu de huit jours, la place
de Raab dont la prompte reddition importait beaucoup à l'Empereur, arriva
prendre, à Wagram, le 6 juillet, le commandement de « l'*immense artillerie* »
pour laquelle Napoléon lui avait mandé « *qu'il avait besoin de lui.* » Tels sont
les termes d'une lettre écrite par le grand capitaine, dès le 21 juin, pendant
le siége de Raab.

Le 6 juillet, LAURISTON commandait donc la fameuse batterie de cent
pièces d'artillerie qui, par son feu prodigieux, et à demi-portée du canon,
éteignit celui de l'ennemi, et, refoulant le centre de l'armée autrichienne, fut
une des causes principales qui décidèrent la victoire. — Il fut nommé grand
dignitaire de l'ordre de la Couronne de fer.

Ambassadeur en Russie, en 1811, il ne put réussir à détourner l'Empereur
de la funeste campagne de 1812. Au mois d'août de cette année, il rejoignit
le quartier impérial à Smolensk.

En 1813, appelé au commandement du 5ᵉ corps de la grande armée, le
général LAURISTON avait culbuté les Prussiens, le 28 avril, au pont de Hall,
et, le 2 mai, jour de la bataille de Lutzen, en forçant dans Leipsick le
général Kleist, ajouté aux conséquences de la victoire, lorsque, le 19 mai, à
Weissig, il renversa, dans un choc meurtrier de trois heures, le corps prussien
d'York, le rejeta de l'autre côté de la Sprée, et ouvrit ainsi la route par laquelle la position de Bautzen devait être tournée.

Le 20 mai, après avoir participé à la bataille de Bautzen, aidé puissam-
ment, par une manœuvre heureuse, le 21, à la victoire de Wurtchen, il enfonça,
le 1ᵉʳ juin, à Neukirchen, un corps prusso-russe, pour s'emparer de Breslau,
la capitale de la Silésie. — L'armistice fut signé le 4 juin.

A la reprise des hostilités, le chef du 5ᵐᵉ corps jette, le 19 août, près de
Siébénicken, et, ce jour-là, avec une seule de ses divisions, 12,000 Russes
dans le Bober. Le 22, avec Macdonald, il force Blucher à se retirer der-
rière la Katzbach.

Le **23** août, eut lieu l'affaire de Goldberg. Les notes laissées par le maréchal, et aussi le bulletin de la grande armée, permettent de résumer ainsi ce fait d'armes : Lauriston, à la tête des **40.000** hommes que lui donnaient son corps d'armée, le cinquième, et celui du maréchal Macdonald absent, le onzième, marcha contre **85,000** Prusso-Russes que commandait Blucher. Après un combat acharné de dix heures, il renversa les alliés des hauteurs du Flensberg et des positions de Niédereau, leur mettant **10,000** hommes hors de combat, et leur faisant un grand nombre de prisonniers.

L'ennemi était battu en Silésie, et l'Empereur partit pour Dresde.

Cependant la fortune devait nous être contraire, le **26** et le **27** août, sur la Katzbach où Macdonald avait le commandement supérieur des corps d'armée laissés en Silésie. Dans ce revers, le général Lauriston, resté seul en avant, et privé d'une de ses divisions que le duc de Tarente avait détachée fort loin du cinquième corps, se signala par une vigoureuse retraite devant des adversaires trois fois aussi nombreux.

Mais voici les trois journées du **16**, du **18** et du **19** octobre, près de Leipsick. Dans la première journée, celle dite de Wachau, Lauriston voit six fois se briser contre le village de Lieberwolkowitz qu'il défend, les efforts désespérés des nombreux soldats de la coalition, qui six fois jonchent le sol de leurs cadavres. Dans la seconde journée, celle proprement dite de Leipsick, conjointement avec le corps du duc de Bellune, il occupe le village de Probstheyde, dont les défenseurs, plusieurs fois assaillis avec furie par les alliés, finissent par les refouler autant de fois. Enfin, dans la troisième journée, qui fut celle de la retraite, les corps de Macdonald, de Poniatowski et de Lauriston, chargés de l'extrême arrière-garde, prolongent la lutte jusqu'à ce que la rupture du pont sur l'Elster les ait séparés de l'armée qu'ils ont mission de couvrir. Macdonald parvient à passer la rivière à la nage, Poniatowski trouve la mort dans l'Elster, Lauriston est fait prisonnier.

Rentré en France, en 1814, le général Lauriston, délié de son serment envers Napoléon par la déclaration et verbale et écrite de l'Empereur même, remplaça, le **20** février **1815**, le général Nansouty comme capitaine de la première compagnie des mousquetaires de la garde du Roi. Un mois s'était à peine écoulé que, le **20** mars, il dut, comme soldat, protéger la retraite des Bourbons jusqu'à la frontière, mais, comme citoyen, il ne voulut pas dépasser celle-ci. Ainsi s'exprimait-il dans la lettre, bien connue, qu'il écrivit au maréchal Davoust, ministre de la guerre pendant les Cent-Jours.

Il fut nommé pair de France le **17** août **1815**, et créé marquis en **1817**.

Après avoir été appelé, en **1820**, à réunir extraordinairement le commandement supérieur des **12**ᵉ et **13**ᵉ divisions militaires, il entra, à la fin de l'année, au ministère, avec le portefeuille de la Maison du Roi.

Le **6** juin **1823**, Lauriston reçut, en même temps que le bâton de maréchal de France, le commandement du 2e corps de réserve de l'armée d'Espagne. Il assiégea Pampelune, qui, par la chute de sa forte citadelle, fut réduite à se rendre le 17 septembre.

En 1824, Louis XVIII conféra au marquis DE LAURISTON une des premières charges de la couronne, celle de grand-veneur de France, et le nomma ministre d'Etat.

Le maréchal LAURISTON mourut, à Paris, le 11 juin 1828. Il n'était que dans la 61e année de son âge.

Il avait épousé, en 1789, Antoinette-Claudine-Julie LE DUC, fille de Claude-Marie Le Duc, maréchal de camp, inspecteur général d'artillerie, chevalier de Saint-Louis, et de Marie-Charlotte-Victoire de Ronty.

Il laissa de son mariage trois enfants : Auguste-Jean-Alexandre, marquis DE LAURISTON, maréchal de camp, pair de France, grand-officier de la Légion d'honneur ; — Louise-Coralie DE LAURISTON, comtesse HOCQUART DE TURTOT ; — Napoléon-Adolphe, comte DE LAURISTON, officier aux hussards de l'ex-garde royale.

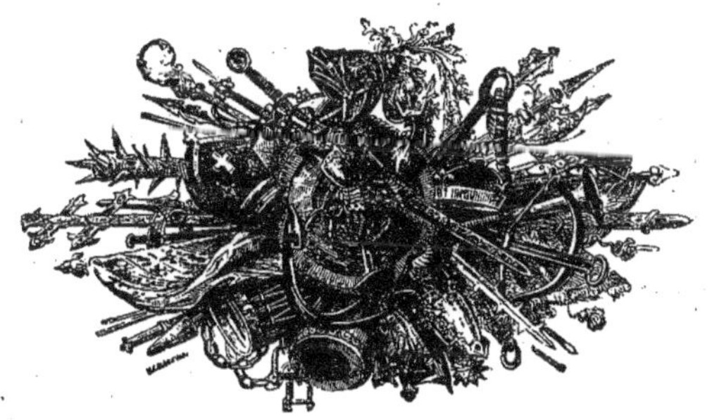